diese kleinen, in der luft hängenden, bergpredigenden gebilde

CARL-CHRISTIAN ELZE

Mit Illustrationen von
CHRISTOPH VIEWEG

W0175308

—

„Wie ziehende Wolken im steten Wandel begriffen, so die inneren Zustände des Menschen. Alles, was in seiner Brust widerklingt, ein Erhellen und Verfinstern, ein Entwickeln und Auflösen, ein Bilden und Zerstören, alles schwebt in den Gebilden der Wolkenregionen vor unseren Sinnen." CARL GUSTAV CARUS

„Im Grunde gibt es Materie gar nicht. Primär existiert nur das Verbindende ohne materielle Grundlage. Wir könnten es auch Bewusstsein (kosmischer Geist) nennen. Materie und Energie treten erst sekundär in Erscheinung – gewissermaßen als geronnener, erstarrter Geist. Viele Erscheinungen der Quantenphysik sind nicht nur immateriell, sondern wirken in ganz andere, größere Räume hinein, die nichts mit unserem vertrauten dreidimensionalen Raum zu tun haben. Es ist ein reines Informationsfeld – wie eine Art Quantencode. Es hat nichts zu tun mit Masse und Energie. Dieses Informationsfeld ist nicht nur innerhalb von mir, sondern erstreckt sich über das gesamte Universum. Der Kosmos ist ein Ganzes, weil dieses Informationsfeld keine Begrenzung hat. Es gibt nur das Eine. Aber dieses Eine ist differenziert. [...] Was wir Diesseits nennen, ist ja eigentlich die Schlacke, die Materie, also das, was greifbar ist. Das Jenseits ist die umfassende Wirklichkeit, das viel Größere. Das, worin das Diesseits eingebettet ist. Insofern ist auch unser gegenwärtiges Leben bereits vom Jenseits umfangen." HANS-PETER DÜRR

Herr! Gib uns blöde Augen
für Dinge, die nichts taugen,
und Augen voller Klarheit
in alle deine Wahrheit.

caput I

1

die erde ist ein kugelförmiges raumschiff, mit einhundertundsiebentausend kilometern pro stunde kreist sie um einen brennenden
gasball wie eine mücke um ein teelicht in einem
windstillen, schwarzen wald. dabei liegen unsere frisuren
die frisuren von ektoparasiten, wundersam still
auf unseren kugelförmigen köpfen.
auch unsere augen sind kugelförmig: sie blicken umher
ohne windschutzscheiben. wären da nicht diese interstellaren
bullen, die uns blitzen und abkassieren
weil wir in unseren automobilen mit 65 statt 50 kilometern pro stunde
unterwegs waren, obwohl wir einhundertundsiebentausend
drauf hatten, wir hätten weniger zu lachen
und unser lachen rast um die sonne, wie wahnsinniger
glücklicher staub.

2

ich denke an die zerbrechlichkeit aller körper:
ein gespenst in meinem kopf, ein sich wälzender igel
ein rasender maschinenschmerz! wenn wir früh aus dem haus
gehen, sich unsere wege trennen, nur für stunden
für einen tag .. wie leicht werden es unzählige stunden
unzählbare tage. wir sollten uns anschauen, jeden morgen
und jeden abend, als würden unsere maschinen
schon auf der anderen straßenseite eine kleine schraube
verlieren, und sofort einstürzen ..
aber dieser blick wäre unerträglich, jeden morgen
und jeden abend, zu jeder zeit wäre unser lachen verschenkt
für einen dürren gedanken, für einen sich wälzenden igel
für einen ganz überflüssigen schmerz vielleicht.
wir müssen anders blicken! halb vergessen .. aber nicht ganz
nicht ganz vergessen .. aber wie? .. sag mir *wie?*

3

ein lobgesang auf unsere nervenkostüme, auf unsere
mehr oder weniger stabilen nervenkostüme!
sie befeuern uns im innern mit unendlichkeitsfilmen.
der gedanke an unser ende, zu jeder sekunde eintretbar
wie durch eine angelehnte tür, oder durch ein loch
in einem geplatzten gefäß, wird nicht sekündlich gedacht.
die brilliante programmierung einer weichen maschine.
dass die maschine die maschine, das organ das organ
versteht, ist nicht beabsichtigt. unser nervenkostüm
noch das schwächste, das durchscheinendste, das libellenflügel-
hafteste, ist eine burg: das programm einer burg
das uns beschützt; und hoffnung kreiert, und glaube
und täglichen schlaf. so schlafen wir ein, tag für tag
ohne angst, nie wieder erwachen zu können, zu dürfen.
das programm beruhigt uns; es schließt uns die augen
wie zur übung .. jeden tag.

4

unsere mütter haben uns auf einem flughafen ausgesetzt
ohne gepäck, blutig und nackt, entkabelt.

einige haben sofort geschissen, klebrig und schwarz
so schwarz, als wäre der teufel aus uns herausgetreten
und so klebrig, als könnten wir niemals mehr schweben
was so nicht stimmt – wir schweben sofort
mit einem arsenal von grausamkeiten, auf einem flughafen
der selber schwebt. – unser flughafen ist gefüllt
mit ländern, städten und winzigen flughäfen, die nur
vom namen her flughäfen sind, in wirklichkeit:
flitzende punkte, obwohl worte wie *flitzende punkte*
in wirklichkeit nirgendwo sind, nur teilchen, schwebende
teilchen, die schwingen, ununterbrochen schwingen
solange wir warten in form von lose zusammengefügten
relativ kurzen, sprechenden stäbchen, warten
auf unseren einzigen flug, der uns abstürzen lässt
und unsere gehirne zurücknimmt; nicht in die engen schöße
unserer mütter, die längst morsch geworden sind
aber in die vorschöße; zwischen die schenkel
einer hoffentlich gut aussehenden
uralten, mädchenhaften
planetaren
dame.

5

sie feiern die auferstehung des herrn, denn sie sind selber
voller angst – ausgeschwitzt aus gehirnen, voller wunder.
das wunder der angst ist das quälendste wunder:
jeder kopf wünscht sich kuchen, und findet nur krümel
unterm tisch .. aber wer an diesem tisch sitzt
und isst, und was auf diesem tisch steht, um gegessen
zu werden, ob es eine tischdecke gibt, und mit welchem
muster darauf, ob es eine vase gibt, und mit welchen blumen
darin, ob es überhaupt jemanden gibt, an diesem tisch
der isst und sich in blumen vertieft und in muster
bleibt unerblickbar. – nur ein ängstliches tier
sitzt gebeugt unterm tisch, unter der mächtigen platte
die keinen strahl durchlässt, nur krümel
oder vermeintliche krümel, fallen herunter, in schluchten
augen picken sie auf, zitternde spatzen
doch angekommen im innern eines knöchernen schädels
verwandeln sich alle lichtbrechungen und elektrischen
codierungen all dieser krümel, oder vermeintlichen krümel
in immergleiche, unentschlüsselbare, süße
todbringende speisen, die immer nach unten fallen
immer nach unten, und niemals nach oben zurück –

6

würden wir empfangen und getröstet werden
wie kinder auf einem rummel, die aus versehen
allein in der geisterbahn fuhren .. würde unser vater dastehen
oder unsere mutter, oder irgendein vater, irgendeine mutter
oder ein gütiges wesen, das uns erinnert an die geburt
einer sonne, wenn wir in unseren kleinen wagen
wieder auftauchen .. oder gäbe es jemand, der uns
über die augen streicht, behutsamer als luft – zärtlicher ..
alles, was wir sahen, sehen mussten, über die schienen
rumpelnd, in jeder kurve blitzhaft erhellt: die grausamkeit
einer nicht vorhandenen, doch immerzu angst
erzeugenden welt, die brocken speit, brocken von angst
nur ein spektakel aus licht und dunkelheit, und doch im blut
in dieser viel zu roten flüssigkeit, wie flugzeugträger
in kleinen badewannen: gefühle, und worte auch: blinde
kapitäne .. doch würden wir empfangen und getröstet
werden – wir, die kaum luft bekommen, im SCHREI
fast still erscheinen – dann wär dem herrn
im gelben anzug, der die münzen zählt, und drauf besteht
dass jedes kind alleine fährt, und nicht die augen schließt
noch zu verzeihen.

7

die vorstellung eines bunkers, eines versiegelten schädels:
nur ein programmcode unseres gehirns *wachheit*
genannt .. ein zustand größtmöglicher beschränkung
und geistiger dürftigkeit, verbunden mit schwerkraft
und mundgeruch, und einfachsten lochkameras
augen genannt. vielleicht auch ein einfaches level
zur regeneration gedacht; doch regeneration
wovon? *nicht zu ergründen*
vom spielzeug selbst steht im programm
aber spekulationen erwünscht
mit minimaler stromzufuhr: ein flackerndes lämpchen
bei geöffneten lidern ..
sobald wir träumen, sind alle schädel geöffnet –
ein universelles strömen: ein streunendes
träumendes *ich,* noch ein kind: fliegend, ertrinkend
kopulierend erwacht es, betastet das laken
den feucht glänzenden fleck ..
ein universales netz aller gehirne greift jede nacht
in uns ein: zeigt uns das reich aller filme
die einzige videothek dieses universums
die alle klassiker hat, die jemals gelebt worden sind.

8

vor 13.8 milliarden jahren, im ersten milliardstel eines
milliardstels eines milliardstels einer milliardstel sekunde
blähte sich unser universum um das zehn-billionen-
billionen-fache auf: von subatomaren dimensionen
zu der größe eines fußballs, so sagt man im april
des jahres 2014. in diesen urknallball war unsere liebe
schon eingraviert, aber vorher noch sonnen
planeten und monde, das ganze schwerkraftding
musste sich einschaukeln, liebes, das dauert ein bisschen.
auch unsere kugel, aus sternenstaub zusammengepappt
war nicht gleich fest; doch irgendwann zellen
unter wasser: einzelne, tänzelnde, noch unsterbliche
gebilde .. ewige teilungen, plasmaeinschnürungen:
aus eins wird zwei ohne rest. erst später zusammenkünfte
vielzellereien, die erfindung der leiche: *volvox*
die kugelalge, muss als erste dran glauben
ihr körper gesprengt bei der geburt ihrer töchter.
überall leichen! – aber pflanzen behalten immer die
nerven, liebes, nicht wahr .. ganz anders als wir.
überhaupt PFLANZEN! ohne sie keine liebe.
wie göttliche diener verschenken sie zucker und luft.
tiere erscheinen: fische und saurier, mollusken
und vögel, kiemen und lungen, die erste milch
die aus den zitzen tropft, die ersten säuger:
unauffällige kleingewachsene, huschende objekte ..
und auch wir mussten erst in form gebracht werden
liebes: affen und menschen, milliarden von

menschen, *lucy* und *ötzi,* immer wieder zerlegt
nach wenigen jahren von bakterien und pilzen
(in einer handvoll erde oder in deinem wunderschön
geschwungenen mund leben mehr bakterien
als jemals menschen auf dieser welt herumspaziert
sind, so sagt man im april des jahres 2014)
schließlich wir: mit großen gehirnen, kaum fell
trinken milch und wachsen heran, fast ohne instinkte:
wir lernen und lernen, überleben und finden
uns schließlich, erkennen uns schließlich
mitten in der nacht, auf einer straße in
münchen, unter zerschossenen laternen
und fühlen uns plötzlich – unerklärlicherweise
albernerweise – unzerstörbar und lachen
und unser lachen rast um die sonne, du weißt schon
wie wahnsinniger, glücklicher staub ..

9

ich verstehe unser verschwinden nicht
ich verstehe unser aller verschwinden nicht
ströme von angst in stochernden maschinen
wirbeltieraugen, die hinter galaktischen mauern stehn
wir werden niemals hinter die dinge sehn
zahlengerüste, oder uns haltende hände
oder hände aus zahlen, zahllose hände
hauchdünne ziffern, ohne gefühl, nur präzise
unendlich präzise, ohne jedes gefühl ..

10

vielleicht hilft uns der gedanke, dass wir niemals getrennt
waren, und niemals zu trennen sind .. alle dinge dieser welt
dieses universums: weiße zwerge und schnee
galaktische nebel und bäume, eierbecher und schafe
bakterien und autos, toilettendeckel und menschen
nicht zu vergessen: hunde – alles, was unsere sehlöcher
erfassen und zusammenbacken nach lichtbrechungsrezepten
ewig zerfallender und sich ewig neu erschaffender
sehpurpur alles, was unsere sehköche uns vorsetzen
im schnellimbiss unseres bewusstseins – sind erscheinungen
erscheinungsformen gleicher moleküle: sternenpuder
mal lockerer mal dichter gefügt, mit metallic-
lackierung, oder fell, oder haut, oder rinde verziert
wir waren niemals getrennt und werden es niemals sein
auch dieser gedanke ist aus den gleichen molekülen
gemacht wie deine frühere und deine zukünftige
schwebende, nur erfundene leiche –

11

wie leicht wurde es dir gemacht zu staunen
auf einer kugel fliegend, durch einen unüberschaubaren
schwarzen raum, tausendmal kälter als der fuß
deines vaters, zu dem man *toter* sagt.
aber die tage auf dieser kugel sind lichtermeere
helle buchten, und im sommer warm wie die milch
deiner mutter. sag *mutter!* – nur ein wort
und doch ein unendlich nährendes gewebe
das diese kugel umschließt, ein gütiges fell.
wie leicht ist es zu staunen
als kind, und wie leicht verlernt es sich wieder
mit ein und demselben gehirn: *deine unübersehbare*
unüberwindbare angst, alles zu verlieren
was deine augen erblicken. – auge – nur ein wort
und doch ein unendlich verzehrendes gewebe
das diese kugel umschließt, ein ewiger henker.
alles, was du siehst, redet dir ein, nie wieder zu sein
sobald es aufhört zu sein, nie wieder zu atmen
sobald es aufhört zu atmen. nur dein staunen
kann dich noch retten. schließ deine augen und atme.
vergiss deine augen und atme. versuche zu atmen
mit diesem raum, nicht gegen ihn. versuche zu staunen
in diesem raum .. während du stirbst –

caput II

prolog

seit gestern kann ich nicht mehr schwimmen
ich stoß mich ab, vom rand, und fall nach unten
fall mit dem kopf zuerst, lauf aus dem ruder
mit zwanzig mann an bord, die alle schweigen
weil es der freund war, der getroffen hat
ohne zu zielen, nur mit der stirn
die unter wasser hing, ein packen eis
der in den rumpf einschlug, in voller fahrt
als alle schliefen. – jetzt sind wir wach
auf deck, hellwach und stürzen
und sind im strudel, weil der kopf versinkt
und wünschen uns *als wär's ein rettungsboot*
ein stück papier, das man sich falten kann
wo man drin summt, geduckt
was an die wand malt
und die angst verschwimmt –

1

ich hab mit deinen verwüsteten eltern kaffee getrunken
oder irgendwas, was kaffee heißt
ob du schon anders warst vielleicht
als wir uns gegenüber saßen, in meiner küche
wo du nichts essen wolltest
außer einem stückchen schokolade
ob du schon schilf im auge hattest?
kann's nicht sagen .. ob das schon deine art
von abschied war, fast unbemerkbar
ob da schon mehr als diese müdigkeit
gewesen ist, die ich schon kannte
all die jahre .. *das ding in deinem kopf*
dass dir die knochen bricht
wann immer es die lust verspürt
wie du auf schokolade
ich weiß es nicht .. ich weiß nur noch
ich war viel ruhiger dort, mit dir am tisch
als jetzt .. mit deinen eltern
die verwüstet sind
wo ich kaum atmen kann
wo jeder schluck
aus meinem wasserglas
mich husten lässt, um nicht wie du
in diesem wasser
zu verschwinden –

2

du hast mich mehr erschreckt als dr. benn
und dr. benn hat mich mal sehr erschreckt
mit worten, die wie kleine messer
durch leichen fuhren, bis alles fleisch
vom knochen hing
und nichts mehr übrig blieb
nur ein gedicht

jetzt bist auch du bei dr. benn gestrandet
mitten im gedicht, auf einem tisch
wo man dich öffnet, schritt für schritt
weil du im schilf gelegen hast
zwei tage, in deinem lieblingssee
noch alle sachen an
und ich

ich steh jetzt neben dir, vor deiner lunge
die viel zu groß geworden ist für dich
und dr. benn, mein analyse-wicht
versucht noch irgendwas zu finden
mit seinem verstand stumpf wie'n kamm
ob du deinen lieblingssee
einatmen wolltest

oder dein lieblingssee
ganz plötzlich dich

und selbst
wenn wir die haut von deiner stirn
ein wenig runterziehen, bis zur nase
und einen blick in deinen schädel wagen
und alles sommerlicht reinfällt
sind wir am ende, dr. benn und ich
und wir, mein freund

ein stück papier
das übrig bleibt –
sonst nichts.

3

warum man nichts in seinen zellen spürt
wenn die systeme stürzen
von menschen, die man in sich trägt
wie seltne tiere, stalaktiten? schon fühlt man scham
und auch ein bündel zorn
und trauriges erstaunen – so wenig spiegeln
diese körper, stumpfe schaufeln.
man hat soliden stoffwechsel betrieben
sieben tage lang, hat gut gegessen
und getrunken, ohne einen hauch von wasser
in den lungen, hat auf dem klo
ein witzbuch ausgelesen, ohne einen hauch
von wasser in den lungen
man hat geschlafen, mit seiner frau geschlafen
hat lust verspürt, ohne einen hauch
von wasser in den lungen
hat mit dem kind gespielt, und mit dem hund
hat auch geraucht und sich entspannt
gefühlt nach einem bad
ohne einen hauch ..
nicht mal ein zittern in den zellen
als sich dem freund die lungen füllten
mit kieselalgen, grüne steinchen
die jeden körper, auch den schmalsten noch
nach unten ziehen
um ihn dort abzulegen für die hechte
die dort schweben
mit einem hauch von sonne auf den kiemen
und sich vorm sterben fürchten
wie kleine kinder
mit zu vielen zähnen –

4

ein altes ehepaar
sind wir gewesen, aus deutschen demokratischen
klassenzimmern rausgewachsen
nach amerika, und in die alpen
fast fünfundzwanzig jahre
externe festplatte von meinem gehirn
jetzt abgestürzt mit lauter namen
und erinnerungen .. wie pyramiden
für die mein kopf allein
keinen zugang findet, ohne das codewort
deiner atemzüge. –
man kann das ausmaß aller daten
schäden nicht im geringsten
überblicken. ein altes ehepaar
das seine silberhochzeit
knapp verpasst.

5

wir haben zeitungen gelesen, fünf tage lang
und nichts gespürt, du warst fünf tage lang
in allen zeitungen *„die wasserleiche "*
„der unbekannte körper aus dem sommersee "
1.70–1.75, männlich, schlank, mit einem schlüssel
in der hosentasche, oder jackentasche
dort stand: du hattest alles an, auch schuhe
und dein gesicht: *südländisch.*
als ob du aus dem süden wärst!
du kamst vom eis, vom eisberg
aus kristall und einsamkeit .. du warst
nicht mal vermisst gemeldet –
fast eine woche haben wir dich nicht vermisst
glückliche monster; du warst zu fern von uns
um dich nach sieben tagen zu vermissen ..
wir hatten angst um dich, zu oft
und wurden müd dabei
so müd wie du, und schliefen ein
wie du – von außen unversehrt
hast du im schilf gelegen, zwei tage, nächte
sterne über dir, der hülle
drei bilder, die jetzt online weiterleben:
ein boot, das dich ans ufer bringt
zwei krankenwagen, eine feuerwehr
als ob du immer noch ein kranker wärst
und brennst .. auf einem bild
beugt man sich über dich, zwei männer
rauchend, die dich ruhig betrachten
wie einen seltenen fisch –

6

tennisballgroß, in deinem kopf
nicht mit dem messer rauszuschälen
graue haken, zellenkraken, ein kalter stern
der an dir hing, als wär's dein kind
ein wechselbalg, der dich von innen sprengen will
dein unerhörter wunsch
nach einem wort
das dich erlöst, aus einem mund
den es nie gab
in keiner stadt, in keinem land
in keinem krankenhaus
niemals das wort, von dem du sagst
es sei das schönste wort
von allen – nur nicht für dich gedacht
ein zauberwort
das dich verraten hat:
geheilt

7

mein letztes bild

du schiebst dein fahrrad neben mir
deinen schwarzen drachen, den du wieder fliegst
der dich zum see bringt
und zurück –

auch wenn dein kopf dich stürzen lässt
du fliegst!

die menschen lachen wie aus schächten
erst dämmerung, doch du bist müd
wir bleiben stehn, im licht
der videothek.

ich fass deinen drachen an, am kopf
und glaub, du lächelst noch ein wenig schräg
in diesen abend rein, der warm ist
und kein bisschen spät

als hätt ich dich zuletzt am kopf berührt ..

was ich nie tat
niemals gewagt hab
all die jahre.

8

du weißt ja, wie das ist
der berühmte anarchist, bei allen beerdigungen
ein funken witz, der plötzlich ausbricht
aus der trauer, und sich am mund vergreift
an meinem armen lippenhund
der dann nicht weiter weiß, nach oben
und nach unten zieht, und zappelt wie ein fisch
bis alle zähne nach ihm schnappen.

bei dir war's so ein vögelchen
aus plaste, das wie verrückt geflötet hat
in deiner nachbarschaft, mit durchgeknalltem sensor
scheppernd, als wir vor deinem grab
so hilflos waren, mit unsern beinen
wie kräne, die wir liebten
weil sie uns aufrecht hielten, obwohl wir wussten
dass wir stürzen ..

und irgendwer hat dieses vögelchen
das nicht mehr zu beruhigen war, gegriffen
und ist mit ihm in einen busch gerannt
dort wurd es still, ganz still ..
als hätt er sich am vögelchen vergriffen.
und dieser anarchist stand plötzlich da
vor deinem grab, und hat gelacht
wie du – nach mir geschnappt.

9

zwanzig fotoalben nur für dich
dein nackter kinderpo in allen posen
ein stapel schmerz auf einem tisch
in einem hochhaus, 11. stock
einziges kind.

erster august, halb zwölf
fast alle vögel still vor hitze
als man dich eingegraben hat
drei eimer erde in ein kleines loch
und noch ein mittagessen in der nähe.

die alten freunde deiner eltern
die sich steaks bestellen
und bier, und langsam lustig werden
und von urlaub sprechen
ganz parallel zu dir ..

und deine eltern, die sich steaks bestellen
ohne zu wissen, was man damit tut –
als wär'n sie selber aufgespießt
von dir .. starr'n sie dich an
in deinen mund –

caput III

1

der true detective sagt, es gäbe eine erleichterung
zu erkennen, in all den fotos, in all den pixel-
bergen von leichen, gesichtern, ein plötzliches
begreifen in allen angehaltenen augen
ein plötzliches verstehen in jedem ausgestorbenen
blick, der abdruck eines fußes, der einen zärtlich
zerdrückt, eine botschaft, feiner als netze
von spinnen, aufgehängt in pupillen
oder schwebend: *wie leicht es ist, loszulassen*
sich jetzt zu verlassen, all die erfundenen
freuden und schmerzen, nur elektrische ideen
in einem abgeschlossenen raum: ein ich
ein spuk, ein schädeltraum .. all dies
erkenne man nur nach vierzehn stunden
ununterbrochenem betrachten all dieser
augen, sagt der true detective, und raucht
ununterbrochen. ununterbrochen schneidet
der true detective leere bierbüchsen auf
und formt knisternde menschen. ununterbrochen
sammelt der true detective jeden kleinsten
beweis für ein gnadengeschenk
in jedem einzelnen, zerschlagenen schädel.

2

der true detective sagt, dieses mädchen
dieses kleine, mit vollkommener präzision
zerschundene ding, mitten in dieser crystal-
hölle, umgeben von sümpfen, wird alles
absolut alles immer wieder erleben
immer wieder und wieder, auch wenn es
immer wieder befreit werden wird
von ihm, dem true detective. die zeit
ein flacher kreis. wir alle werden
wiedergeboren, ohne uns zu erinnern
an all die nassen vorhöfe zur hölle
die wir immer wieder durchschreiten ..
die hölle liegt in völliger dunkelheit
abseits unserer augen: ein generator
der uns wiederbelebt. in einem ewigen kreis
wird dieses kleine mädchen immer wieder
zerschunden, mit vollkommener
präzison, immer wieder und wieder
ohne jegliches erbarmen, denn *er-bar-men*
dieses wort, diese wortpraline
existiert nicht in diesem perfekten
system, sagt der true detective.
alle gefühle sind nur rauschende schrauben
eines ewigen spielzeugs
im wind einer sich drehenden kugel.

3

es gab eine dunkelheit, sagt der true detective
eine zweite dunkelheit noch unterhalb
jener dunkelheit, in der er lag, ohne bewusstsein
reduziert auf etwas winziges
letztes – nur noch ein vages gewahren ..
diese zweite dunkelheit war tiefer
wärmer; wie eine substanz, spürbar.
er konnte seine tochter spüren, sein kleines
totes mädchen, das auf ihn wartete
in dieser substanz; auch seinen vater
konnte er spüren, in dieser substanz ..
als wäre darin alles aufgelöst, was jemals
gelebt worden ist, sagt der true detective
mit winziger stimme. nur noch loszulassen
brauchte er, den rand dieses beckens
um sich aufzulösen, in dieser substanz;
und nichts wollte er lieber, als loszulassen
und sich aufzulösen in dieser dunklen
substanz. *dunkelheit, ja, ja!* rief er
und löste sich auf; doch spürte noch immer
noch deutlicher jetzt: vollkommene liebe
in dieser substanz .. wie in reinster gestalt
sagt der true detective und weint
mit seinen verrosteten augen, und weint
wie ein in die luft zurückgeworfenes
verrostetes kind.

caput IIII

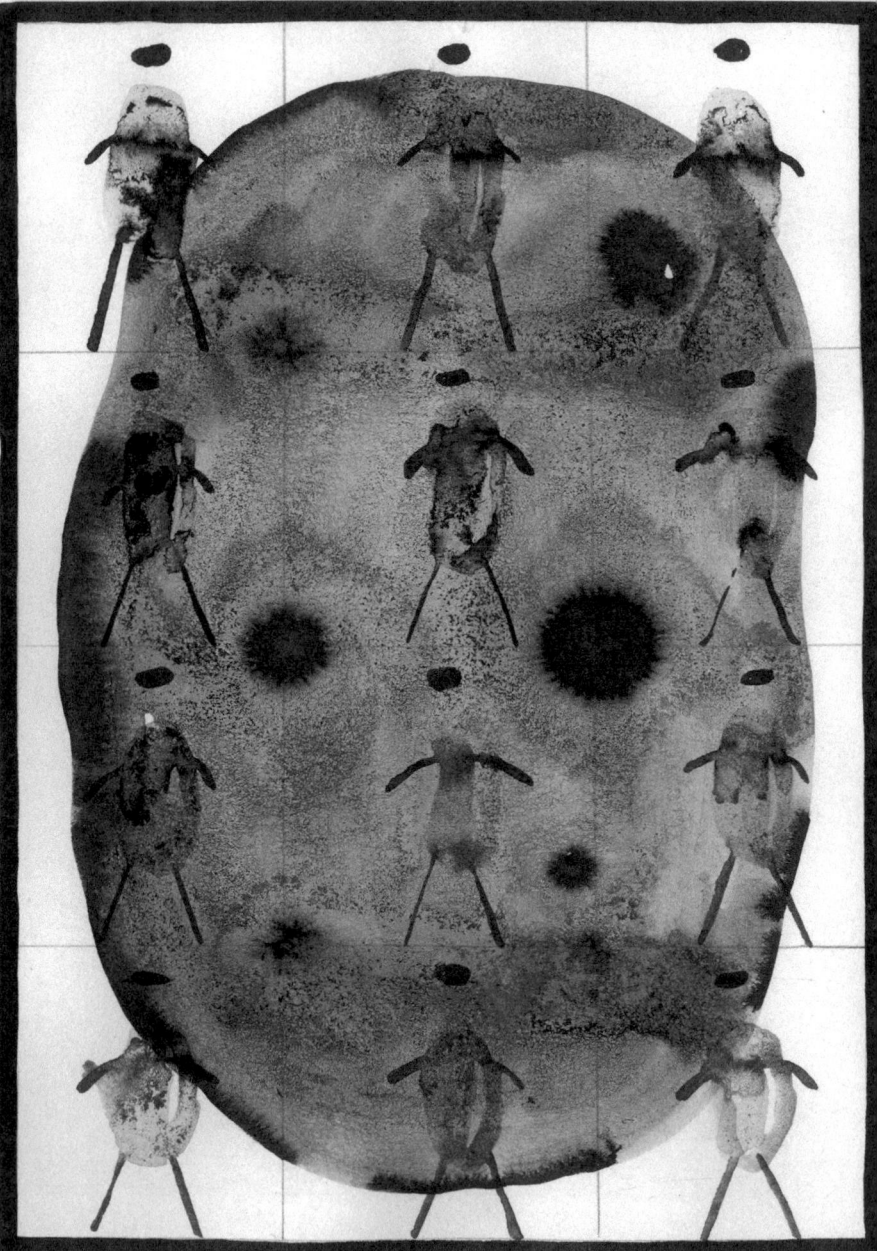

1

Die polnische Stadt Olsztyn (dt. Allenstein) ist die größte Stadt der Woiwodschaft Ermland und Masuren; hier wohnen Polen, Deutsche, Juden und Ukrainer, deren Schicksale seit Jahrhunderten miteinander verbunden sind. Allenstein gehörte bis 1945 zu Ostpreußen.

ankunft: OLSZTYN-ALLENSTEIN-EXPRESS
plakate: ALFACENTRUM PARIS-OLSZTYN-NEW YORK
ich saß im taxi: TAXI-FRANEK-deutsch
ich wollte metropolen meiden, nur wald und seen
und grzegorz besuchen .. *jetzt bist du wieder
hineingerutscht* plakate: H&M, New Yorker, Pimkie
die ganze bagage ..
als ich die taubenkrähe sah, durchs offene fenster
eingeknickt vor McDonalds ..
welche erleichterung, freunde
welche erleichterung:
noch platz für traum –

2

hier werden artschranken durchvögelt – funkelnder gedanke!
der kopf von vater krähe .. der kropf, der wirre gang
ganz wie die mutter .. schon gibt es thesen:

es braucht viel ruhe, luft und langeweile
von der guten sorte, kein geschrei
dass hier die tauben und die krähen etwas wagen.

vielleicht beginnt von hier, wo maximaler wahnsinn
in den wäldern spukte, liebesrettung?
es spräche bände, wenn wir den katzenhund entdeckten ..

wir wagen jetzt schon wild zu träumen
dass sich die menschen mit den hunden mischen
die nichts von kriegen wissen.

ja, das woll'n wir
jetzt ganz kindlich, hündisch
träumend hoffen.

3

die allensteiner riechen abends frisch geduscht
drum nehm ich immer meine nase mit
wenn ich spazieren geh beim trinken ..

komm aus dem *alkoholu monopolu* raus
oder wie das kleine ding hier heißt, das ich so schrecklich liebe
steht da der deutsche pfarrer ungeduscht
mit deutschen rentnern und toupets an seiner angel
schreit wie verrückt: WAS DENN AM SECHSTEN TAG GESCHAH
WAS DENN AM SECHSTEN TAG GESCHAH!

und alle rentner stehen wie erschossen da –

man sollte diesem herrn die stimme aus den angeln heben!
sei doch still und geh dich duschen!
wir wollen alle hier in ruhe trinken, und gut riechen ..
wir fühlen alle, was da war

du musst verrückt sein, pfarrer, so zu stinken!

4

schräg gegenüber vom ALFACENTRUM: das gefängnis

mitten im harten tagesgeschäft der konsumierenden
greift stacheldraht ins gesicht
schlägt guter alter backstein auf den kopf
stieren zwei wachtürme.

alle, die jetzt im gefängnis sitzen, sagt grzegorz
waren früher im ALFACENTRUM, immer wieder
und haben schlüpfer geklaut bei H&M und New Yorker
und Pimkie, immer wieder. nicht nur männer für frauen
auch frauen für männer, und immer wieder
männer für männer, und frauen für frauen
und männer für sich ganz allein: rosafarbene schlüpfer
krankenschwesternhöschen
nachtschwarze mieder.

und noch immer werden sie heimlich getragen ..
all diese mauern, sagt grzegorz, sind innen
völlig mit schlüpfern behängt
völlig verschlüpfert.

eigentlich eine bagatelle, aber hier das ganz große ding:
will man das ALFACENTRUM schützen, sagt grzegorz
müssen gefängnisse her
schräg gegenüber
noch mindestens zwei.

5

zuerst am kleinen sarggeschäft vorbei wie jeden morgen
das gibt dem herz, der angel, einen wurm
dass auch die freuden wie die fische beißen.

und jetzt die taubenkrähe grüßen, die unser hoffen ist ..

dann richtung feuerwehr, wo sich die jungs
verzweifelt feuerlos an ihre viel zu roten autos lehnen

da möcht ich rufen: reichts denn nicht aus, wenn ihr im traum
zehn deutsche rentner aus den bäumen pflückt
die wie die katzen dort gestrandet sind?
macht doch nicht so ein *ohne-feuer-bin-ich-nichts-gesicht!*

jetzt in den park und in die bänke ritzen:

>   *nichts los außer koperniklofs*

hier saß ein deutsches schaf und fiel in schlaf

>   *what does an alonestoner do in allenstone?*

alkoholu monopolu honolulu

>   *spaß muss sein, sagt allenstein, und schiebt dem preußen einen rein*

6

TAXI-FRANEK-deutsch
der kundenstamm bricht langsam weg
was willst du machen, franciszek, der ostpreuße ist zäh
aber irgendwann fällt doch jedem der kopf ab
vorm alten gutshaus, neben deinem neuen mercedes
springen die bandscheiben raus wie schrapnelle
der ganze mensch versickert
wie alle sehnsuchtsorte ..

aber franciszek, dein kopf ist auch nicht ohne schrammen
vielleicht weil du sportlehrer warst .. nicht nur sport
du betonst das: *politisch geflogen.*

schon 23 jahre TAXI-FRANEK-deutsch und du hast ausgesorgt:
die wohnung: eigentum, die fahrzeugflotte: feinstes leder
dein gartengrundstück: obst-gemüse-kombinat
dein reden ist gold, dein deutsch ist gold
die andern fahrn die alten kisten ..

viel feind viel ehr, da musst du fast hysterisch lachen:
du und spitzel!

dich ruft jemand an, nur 30 sekunden und du wirst scharf
und viel zu laut für passagiere. wäre ich dein headset
ich würde kaputtgehen. mein herz sagt mir
du bist kaltblütig, vielleicht ja nur abgebrüht
die günstigste einschätzung: einmal sportlehrer immer sportlehrer.

du redest ohne unterlass über alles und nichts
du scheißt auf den euro, hast aber nichts gegen euros
für allenstein, deine straßen soll'n glatt sein
du kennst sie alle noch auf deutsch: *ziegelstraße*
dort stand die ziegelei, die gärtnerei
und dort die schule ..

du bist TAXI-FRANEK-deutsch und zäh, franciszek
aber irgendwann fällt doch jedem der kopf ab
vorm alten gutshaus
springen die bandscheiben raus
wie schrapnelle
der ganze mensch
versickert
alle orte ..
dein mercedes.

7

grzegorz, du rauchst dieses synthetische zeug
auch deine katze hebt langsam ab, wegen der wolken
meint *nowak* (der polnische *müller*) dein behandelnder tierarzt.

du gehörst nicht in die reifenfabrik, das kann ich verstehn
deine ehe versickert und das theater hat zu;
das macht dich anfällig: *kr(ank st)erben* ..

du ritzt das auf deutsch in den tisch, deine *ankst;*
da ist nichts weiches mehr übrig. kann es sein
dass du von innen aussiehst wie *JAKUB*, das kaufhaus?

„*JAKUB*, ihr kaufhaus des ostens, *ZOMBIE-JAKUB*
ihr kaufhaus für untote kommunisten": ewige gänge
kabuffs rechts und links, möbelgerippe, im keller
pornos und waffeln, ganz oben im dunkeln
L – die fahrschule ihres vertrauens, die immer lallt.
JAKUB stirbt grausam, unfassbar langsam, plakate:

ALFACENTRUM PARIS-OLSZTYN-NEW YORK

postmoderner furz, fassadenschwellung, vergewaltigte
säulen, schlüpferoase für geschrumpfte gehirne ..
weiß auch nicht weiter im gebälk, nach sieben tagen
geht mir ja selbst das bisschen treibstoff aus .. *jakub!*
ich nenn dich jetzt *jakub,* kennst du filme von dir
ich meine von innen? mit all diesen monstern
die in deiner aorta rumschwimmen ..

du musst verschwinden von hier, sofort verschwinden!

8

ich kann nicht mehr schlafen, grzegorz
da werden büchsen zerdrückt, direkt an meinem kopf
werden büchsen zerdrückt, direkt in meinem kopf
wie reste von traum, wie blutige kämpfe
um büchsenreviere, 50 cent für das kilo

ganz flachgedrückt, grzegorz, passt noch mehr in den sack!

was sind das für träume? warum sagst du denn nichts?
sind gar keine träume .. ist dein büchsenrevier
direkt an meinem kopf .. drückst du büchsen zusammen
50 cent für das kilo, raffst du büchsen zusammen

und dein dealer mit weltschmerz und engelsgeduld

und dein dealer mit sparschwein und engelsgeduld
für kleine leergeträumte körper, grzegorz
mit engelsgeduld.

9

die taubenkrähe, die unser hoffen war
ist eine dohle.

schwarz mit grauem hinterkopf und hals, in kleinen schwärmen
auch in städten

wo sie am liebsten lärmend um den kirchturm kreist.

TAXI-FRANEK-deutsch hat sie beim landen
ausgelöscht

und noch ein stückchen mitgeschleift
die alte *ziegelstraße* lang.

franciszek, der sportlehrer, der selfmademan, der ornithologe:
„tote dohle, gute dohle".

fast wie ein pfaffe lag sie da
vorm alkoholu monopolu

und keine *liebesrettung*
honolulu.

10

what does an alonestoner do in allenstone?
was macht ein alleinsteiner in allenstein?
fängt an wie ein witz, junge, aber ich rede
mit dir! ist new york härter oder paris
oder allenstein? – du schweigst
weil allenstein am härtesten ist .. ist es das?
weil allenstein am allerhärtesten ist?
PARIS-NEW YORK-ALLENSTEIN.
ALFASCHMERZ. ich seh deine nerven
wie rostige ketten im hafen, du weißt schon
die nach unten ziehn und plötzlich verschwinden ..
kleine kinder wachen davon auf
und schreien, und woll'n nicht wieder träumen
und ertrinken. – hier kommt der witz:
hockt ein alleinsteiner auf der seenplatte
und kann sich nicht entscheiden
in welchem see er sich ersäufen soll ..
hockt ein alleinsteiner im wald
und kann sich nicht entscheiden
an welchem baum er sich aufhängen soll ..
weil alles so schön ist. kein witz:
so viele seen, so viele wälder
wie schlüpfer im ALFACENTRUM
wo der schmerz immer am größten ist.
hockt ein alleinsteiner am allerschönsten
see, und schwimmt nicht raus
obwohl es inseln gibt, mit hohen bäumen
wo weiße vögel nester bauen –
aber deine hände sind die kleinsten
verschrecktesten kaninchen.
die muss man schlachten und aufessen!
dann wachsen fische nach und vögel.
du brauchst jetzt fische, mein junge! und vögel!
du musst das ALFACENTRUM sprengen!

caput IIII

1

das zeigt mir doch, dass wir uns immer noch
ein bisschen lieben, **wahrscheinlich sehr**:
ich will dir dinge schenken, die's nicht gibt
und du, du willst noch immer dinge haben
nur von mir, die ich erst suchen muss
wofür ich mir fünf jahre urlaub nehmen muss
um sie im hinterhinterzimmer meines arschseins
unterm schrank, wie alle echten schätze
in feinem himmelblauen briefpapier
mit sternen übersät zu finden;
doch manches willst du auch sofort, z.b.
meine hand, in deiner hand, am abend
wenn wir spazieren gehen, in unsrer wohnung
um unser kind herum, das selig schläft
trotz schnupfen; und manches will ich auch
sofort, z. b. deine brust .. nicht wie'n säugling
dem der treibstoff plötzlich ausgeht *puff*
mehr wie'n räuber, der juwelen haben muss
um nicht zu weinen, oder dagobert
der in seinen talern baden muss, so spring ich
mit der stirn in deine brust, sehr leicht
und werde leichter, steifer, ein holzpferdchen
das wiehern muss, und mit den augen rollt
und träumt, und dinge sucht, die dich erfreun ..

2

das kind ist wild und wundersam
aus uns gemacht, ein löffel wolkenpuder
und ein becher samt, gefüllt mit ton
mehr ton als wort, ein mordsgestammel
mit segeltuch bespannt, ein starker wind
der durch die knochen zieht, ein quirl
der uns das fleisch umrührt, das kind
die kleine feuerstelle unsrer augen
die uns im dritten weltkrieg wärmt
das kind, das still im stühlchen sitzt
und uns die lippen flickt, die herzen
wachst, dass jeder fremde eindringling
zu boden stürzt, das kind, das uns vom henker holt
mit einem begnadigungspapier vom könig
das kind, das uns im u-boot kursk
nach oben lenkt, das kind, das uns
im weltall schwebend, vor weltraumschrott
beschützt, das kind, das uns am gipfel
eingeschneit, ein stückchen schweizer
schokolade reicht, das kind, das sich
in uns zusammensetzt, das kind
das uns ins bettchen bringt
jeden abend
jeden morgen
jede stunde
jede sekunde: unser kind.

3

du hast dir immer ein gedicht gewünscht
das sehr versaut ist; versauter ist als alles
was du kennst, und du kennst viel; versauter noch
als alle worte, die vom versautsein träumen
ganz vergeblich: wie gold aus stroh ..
worte wie stroh, die unversaut auf bauernhöfen
erigieren; als wären alle worte schon entsaut
beim schreiben .. wie mösen, die drei schwänze
schlucken und zehn duschkabinen.
wenn ich nur könnte, nur mit worten
dir was versautes ranzuschaffen, versauter noch
als alles, was bisher mit worten geht
das wär der himmelpimmel schon auf erden:
du 80 und noch einmal puterrot, wie'n backfisch.
auftrag erfüllt, könnt ich dann sagen
die schönsten rosen auf deinen wangen
und schau mal her, in meinen alten hosen:
da sitzt 'ne nachtigall.

4

die erde ist eine schönheit
und wunderschön bist auch du
mein kleiner junge, und du
mein großer, und du meine geliebte
sommersprossige frau
nicht zu vergessen mein hündchen
auch du! überall eure schönen
geliebten gesichter, überall
eure sorgsam entstandenen
von mir erblickten gesichter.
ein überfluss schönster gebilde
unwiederholbar zusammengesetzt
aus kleinster, unerblickbarer materie.

1

grau ja grau sind alle meine kleider
grau ja grau ist alles, was ich hab
darum lieb ich, alles was so grau ist
weil mein schatz encephalon ist..
mein gehirn ist meine rose
graue weiße rose mein
altes waschweib, geliebte
hundsdreckiger spulwurm
schwanzwedelnder dom
wir machen jeden tag liebe
warum können wir niemals
niemals beisammen sein?

2

was ist im kopf? hab ich gefragt
meinen sohn, drei jahre alt, noch frei
von substantiven wie *gehirn* und *seele.*
was ist da drin?

er sagte *sand*
dann *essen*
und dann *zähne.*

3

wir liegen da, erschöpft, geköpft
kein mund, der küsst und worte spuckt
kein auge, das in bildern zuckt ..
erst ohne kopf sind wir vollendet
scheints: ein fuchs im bau
zusammengerollt, hellrot und weich ..
die hundemeute, die sich still entfernt –

kaum zu glauben, kinder, aber wahr:
eure eltern, die jetzt streiten
sich mit worten fast zerfleischen
oder sich noch mehr verletzen
durch ein kaltes kaltes schweigen
diese ausgelutschten leute
war'n mal ein liebespaar (vor etwa
tausendsiebenhundertachtzig tagen)
und küssten sich und gaben sich
die schönsten worte, auch die wildesten:
mein prinz, friss mein genick!
und schon kamt ihr – ganz neu
zusammengesetzt aus beiden
die voneinander gar nicht lassen
konnten: angeklebte puzzleteilchen.
doch nun ist's aus. ihre hände
und ihre lippen auch, sind jetzt wie
frösche auf verdorrten sternen.
was ist passiert? seid ihr dran schuld
habt ihr die liebe abrasiert?
nun ja, nicht ganz. doch ja!
doch ihr könnt nichts dafür
natur ist schuld, evolution
die riesenhirne ausbaldowert
die in nestern hocken, viel zu lange.
ihr kommt herausgeflutscht
fast leer im tank, zwei drei instinkte
so gut wie nichts, ein hühnerschiss.
ihr müsst lernen lernen
ständig lernen, euch entfernen
von allen andern tieren; als erstes lernt ihr

wie man eltern quält, die ganze nacht
soll'n immer kommen, jede nacht
fünftausendmal, so fängt es an
dass diese liebenden, jetzt euer vater
eure mutter, völlig erschöpft
dastehen, auf einem kraterrand
wie schildkröten nach einem marathon
und sich nach lava sehnen
die euch verschlingt, und sich
im selben augenblick schon hassen
für den gedanken, so fängt es an
so fangen sie an, sich gröber
anzufassen, sich gegenseitig
zu euch hinzuschieben, kinder
damit sie ruhe finden, dann und wann
vor euch, um nicht das märchen
abzuwracken, doch irgendwann
passiert's: wie ein verkehrsunfall
mit überschlag, obwohl ihr groß
geworden seid und stark
und sie euch lieben
mehr als ihr denkt, mehr als ihr
denken könnt, mehr als ihr glaubt
mit euern riesenhaften
menschenkinderhirnen, die in euch liegen
wie kanonen, oder wie panzer
die auf liebespaare schießen.

caput IIII I

alles hab ich von hunden gelernt:
alles, was mich wegbringt von mir
und zu anderen hin; wie ein zärtlicher trick
nur von hunden beherrscht. schon als kind
haben mir hunde gedient, ihre liebe
geschenkt, ihre kleinen, wie in der luft
hängenden herzen, ohne zu fordern
ohne ununterbrochen zu fordern:
gib mir deins! wie konnte ich ahnen
dass sie alle belohnt werden würden
diese kleinen, in der luft hängenden
bergpredigenden gebilde
belohnt werden würden für ihr fernsein
von sich. alles, was ich lernen wollte
war ein trick; nur von hunden beherrscht
und von geburt an gezeigt allen menschen. –
der schwierigste trick unter menschen.

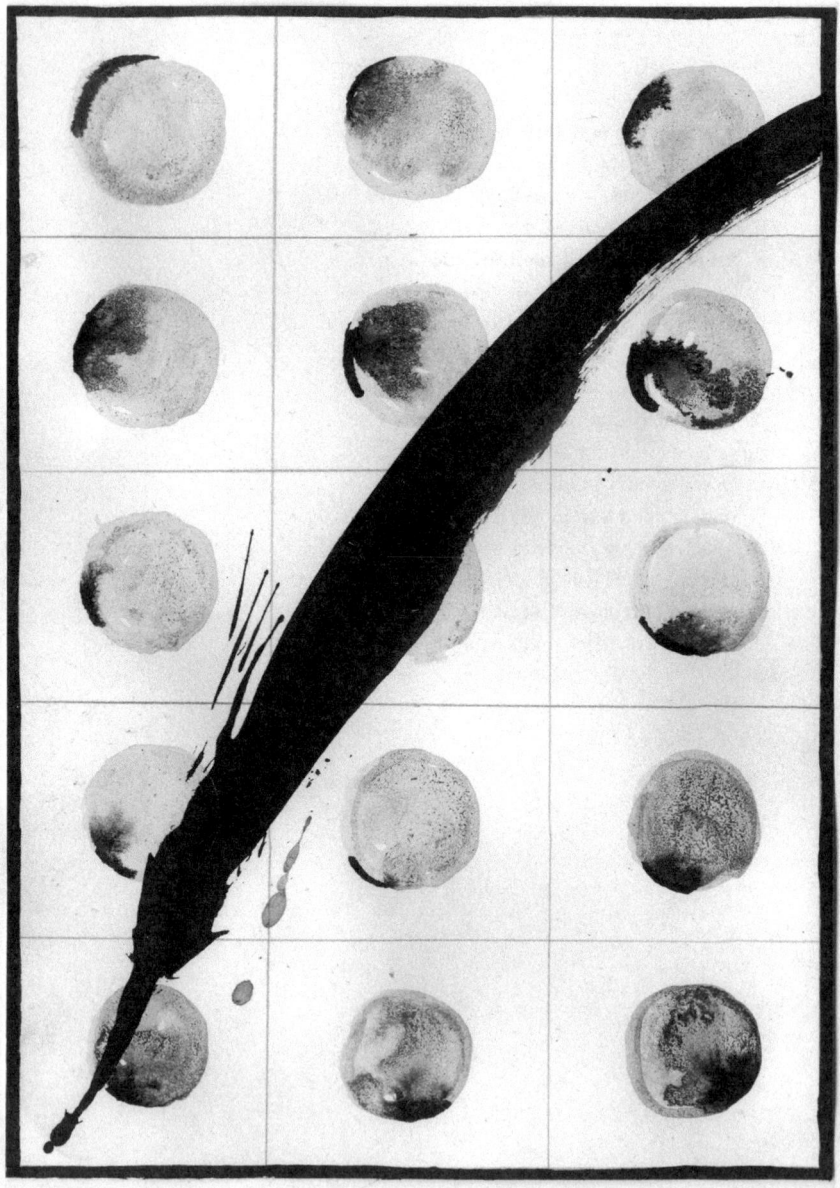

1

unsere wenigen übungen im verschwinden:
staub wischen
unsere tanzenden
sich wieder hinlegenden
und wieder tanzenden
sich an unsere bildschirme klammernden
auf unseren stereoanlagen schlafenden
auf unsere fensterbretter fliehenden
und unsere bücher anbetenden hautreste
erwischen, mit angefeuchteten lappen.
zum dank: kleine wiedergeburten
in sauberen zimmern.
winzige übungen
ohne bewusstsein.
exerzitien
unscheinbarer natur.

2

wie still alles steht
im vorbeirasenden raum
das tägliche winzige
abblättern aller geschöpfe
auf einer abgeschossenen kugel.
wie still alles steht
hauchdünn über der kruste
eines einsamen geschosses
bis zu den gipfeln verstaubt.
wie still alles steht
bis zum einschlag
und darüber hinaus –

3

ein fachgeschäft für staub
mit verkäufern aus staub
und waren aus staub
und worten auch, wie staub
der um die lippen tanzt: die erde.

sich dennoch bemühen ..
nicht mehr zum ruhm des verkäufers
oder zum ruhme der ware
oder zum ruhme des wortes
nur noch zum ruhme des staubes.

4

wohin wenden wir uns
wenn unsere augen abstürzen
und an wen? gibt es spieler
in einem abgedunkelten raum
die uns lieben, unsere ströme von daten?
die erfindung des todes
die programmierung vollkommener
unwissenheit aller geschöpfe.
wer wirft uns zurück, ins spiel
oder holt uns heraus? gibt es gesichter:
freundliche, tänzelnde moleküle
hinter konsolen aus fleisch?
und kannst du mich hören, blaue fee? bitte mach
einen richtigen jungen aus mir
der nie wieder denkt ..
nie wieder denkt
es gäb diese welt.

5

alle instrumente geeicht
auf *nebel.* von geburt an: vernebelte zellen
und körper, voller *leben.* ein programmierter raum
der uns umgibt: dunkel, unendlich
mit sparsamen effekten.

die eleganz eines algorithmus, der als einziger
existiert, in einem winzigen kern
ohne gehäuse aus zeit.

ein unzerstörbares
in sich selbst gefangenes lächeln
das auch uns gefangen hält ..
das uns hält –

6

gräme dich nicht, dass dieses gedicht
das gedicht einer puppe ist
oder selbst puppe ist, aus einer puppe
geschnitzt. und gräme dich nicht
dass dein meister, der dich sorgsam bewegt
selbst puppe ist, von puppen bewegt
in einem gefalteten saal, zwischen glänzenden
spiegeln. und gräme dich nicht
dass alle puppen vergehn wie im flug.
jede puppe legt ihre puppe ins gefaltete grab
zwischen verspiegelte würmer: wie schraubendreher
in einer werkstatt für alle modelle.

7

nicht länger gehen an flüssen, küsten;
wie wird es sein? nicht länger stehen
auf blankem holz, geschliffenem stein.
nicht mehr im wald auf laub zu gehen
wie wird es sein? wie mit der feinen säge
ausgeschnitten wird es; aber wie?
wie wird es sein? das sehen abgezogen
wie ein fell? gibt es ein wort
wie sich ein ort fühlen kann?
kommt jemand nah heran und streift?
kommt jemand näher noch und greift?
ein hund im knochentraum vielleicht
die kleine hand, die wie verrannt
im dunklen schlamm die schätze hebt?

8

ich will die sonne grüßen, so oft ich kann
noch kann, und bitten, dass sich die zeilen
nie verschließen, verstört von licht
und schattenspiel, von wolken, wolkenlosen
himmeln, die .. vielleicht nur sind, hoch oben
um sich gewaltsam auszugießen
solang ein auge darauf ruht, *verloren.*
denn alle augen sinds: *verloren ..*
als sei kein auge wirklich da
auch wenn es schaut. *ob dann von oben*
und herab .. ist nur ein müdelaufen
von gedanken .. gedanken, die die ansicht stören
wie mücken in einem abendlichen park.

9

nicht nur spielen, aber spielen nicht vergessen
du bist spi e l z e ug, was auch zeugen muss
von spielzeugs rosenrotem mund
von spielzeugs sterbender mechanik
von spielzeugs auferstehungswunsch.
ach, wir sind ein spielzeugvölkchen
aufgezogen wie die wölkchen
hoch am helllicht blauen tag.
einmal dreht das rädchen durch
einmal, heißt es, bricht es durch
einmal hängt die puppe still.
nur das spielen nicht vergessen
mach das spielzeug etwas froh!

caput IIIΙΙ

1

in deiner engen, insektenhaften schrift
mit klebeband beklebt, beschützt
vor jeder witterung
die bitte eines geistes jetzt
fast wie ein witz, der uns erreicht
vom ende der galaxis:

bitte keine kostenlosen zeitungen!

hab nie gedacht, dass ich mal hier
vor deinem briefschlitz
viel zu lange steh, wie dr. watson
nicht kühl genug im kopf, um spuren einzusammeln
und wozu? um sie in ruhe auszuwerten
später im schaukelstuhl, mit pfeife?

Friedmann heißt der neue mensch in deiner alten kammer –

ich wünschte, du wärst friedmann noch geworden
hier auf erden, was nicht ging .. in deinem kopf
die bombe: zwitschernd hirnverziert
ein großes *F*
wie *Friedhof* eingraviert.

da liegt die katze an der wand, in einem flecken sonne.

2

du warst drei wochen tot
ich schlief im wald, auf einem campingplatz
als du vorbeikamst, nachts
fast gut gelaunt, um mir zu sagen
du könntest dreimal noch erscheinen
hab keine sorgen mehr
hier ist es wirklich
wirklich gut ..
und musstest selber dabei lachen
weil das wie grimm auf valium klingt.

ich bin nicht aufgewacht
hab nur deinen satz am nächsten tag
wie diamant im kopf gehabt, noch wochenlang
noch monate, ein jahr .. doch jetzt:
wie blech ist er geworden, hohler klang
von einem selfie-traum .. besuch von dir?
wohl kaum. *mach dich nicht lächerlich*
du hast dich selbst besucht
geschminkt als er

hab ich zu oft gedacht gedacht gedacht ..

ich hab mir selbst den traum zerhackt
hab kein sor
hier ist es wirk
wirk ut

3

dein name, der mit zwanzig fremden namen
auf einer bronzetafel steht .. ein *blumenkaiser*
der dich noch zwanzig jahre pflegt ..
zwei alte leute, die so leise sind
wie moleküle.

doch wird es immer gäste geben, denken sie
in einem urnenfeld .. muss es doch immer gäste geben
wenn einer rosen bringt, dann bringt er sie
für alle .. auch für dich
uraltes kind.

epilog

tapfer warst du, dieses wort
scheint wie für dich gemacht, du warst
der tapferste von uns .. was beinah klingt
als wären wir zusammen im krieg gewesen
was so nicht stimmt .. du warst allein
im kopf, gegen ein graues
heer von zellen.

1

vater unter der erde, oder über der erde, oder in meinem kopf
in meinen zellen, in meinem zellkern, vielleicht hörst du mich doch ..
es wird immer wunderlicher hier oben oder hier unten
ich bin ein kind mit zwei kindern geworden, gedichteschreiber
graue haare schon im nacken, 80 kg auf den rippen. und du?
was machen deine rippen? .. ich weiß ja, du sagst nichts
11 jahre schon friert dir dein arsch ab jeden winter, denk ich immer
alberne friedhofsgedanken, aber man ist so vermenschlicht
mit diesem körper und stellt sich unaufhaltsam dinge vor
die gar nicht sind. *sobald die drähte ab sind, ist man schlau*
unfassbar schlau, denk ich immer, und vergisst seinen mund.
obwohl *schlau* zu gewitzt klingt. du bist nicht gewitzt, du bist
unfassbar klar, auf einen schlag, das ganze bücherwissen weg
die katze, die nur den eignen schwanz jagt, sich im kreise
dreht: auf einmal weg. und so ein mund ist dann regal
ganz leergeräumt von worten. d'rum sprichst du auch niemals
durch diese friedhofsschicht, die auf deinen knochen liegt
oder durch luft, durch zellmembranen. – manchmal denk ich
so wie jetzt, dass du mich nicht mehr kennst, nicht die gedanken
die ich habe, weil sie so klein sind, festgefahren, eben menschlich.
und denke auch, dass du mein vater bleibst, in ewigkeit
auch wenn du unten liegst und dir der arsch abfriert
dass es dich trotzdem interessiert, wie alles weitergeht mit uns. –
dann fang ich an zu sprechen, so wie jetzt, damit du irgendwas
erfährst, dass sich dein herz, vielleicht ja immer noch
dein altes herz bewegt, in seinem versteck ..

2

wie fang ich an? die jungs sind beide gute esser und schlawiner
aber freundlich zu tieren, geduldig beim streicheln, zum glück.
und auch ein hündchen haben wir, braun-weiß gefleckt
das gar nicht bellt, sehr hübsch ist und vor allem sanft
alle kinder knien vor ihm nieder, als wär's 'ne heilige aus samt.
und auch ich knie vor ihm nieder – jeden tag.
gestern stand ich mit dem älteren (jetzt 10, mit langen haaren)
ganz oben auf dem felsen mit dem blumennamen
hoch überm fluss .. *du weißt schon, da wo wir auch schon
standen, bis an die hüften ging ich dir im sommer* ..
jetzt alle felder ringsherum verschneit und ansteigend
gegen den dunkleren himmel .. ein habicht
auf unsrer höhe kreisend. wie auf 'nem schiff da oben.
das hündchen immer dicht bei uns, im schnee, sehr glücklich
und auch der junge jetzt auf einmal froh, dass ich sein jammern
nicht geduldet hab beim aufstieg. ich bin weniger duldsam
als du, musst du wissen. vielleicht weil ich denke
dass ich zu weich geworden bin an deinem übergroßen herzen.
manchmal denke ich auch, ich hab mich ganz allein erzogen
nur um härter zu werden. jetzt verlange ich manchmal zu viel:
zu viel von mir selbst und von andern; wenn der junge
schon nach 10 minuten leichtem anstieg zu jammern beginnt
obwohl noch nicht einmal die felswand erreicht ist
packt mich die wut; er hat 656 funktionierende muskeln
an seinen knochen und soll still sein, sich auf seine schritte
konzentrieren und seinem herz bei der arbeit zuhören
das jammert nie: schlägt einfach drauflos. auch diese aussicht
will erobert sein. der junge darf nicht verweichlichen
sein smartphone macht ihn ganz schlaff im kopf, aber dann
ist er glücklich ganz oben, wo jeder fehltritt zum absturz führt
nicht nur zum absturz eines programms. das macht seinen kopf

und seinen blick wieder klar, was mich freut. noch mehr freut
als jede aussicht. – wir stehen dicht beeinander:
bis zur brust geht er mir schon, seine zellen scheinen sich ständig
zu teilen. es ist im grunde ganz einfach: er ist ein großartiger
junge, nur seine bequemlichkeit muss bekämpft werden
befehle sind nötig, leider. ich möchte mit ihm ohne befehle leben
aber es geht nicht. – am ende des tages essen wir schnitzel
gleich hinter der grenze, in einem tschechischen dorf
in einem russischen flugzeug .. plötzlich stand diese tupolew-104
vor uns, wie im traum, und dampfte vom dach
das zweite düsenverkehrsflugzeug der welt nach der 4-strahligen
britischen de havilland 106 comet .. wir stiegen vorne ein
neben dem cockpit, für fünf leute gebaut: eine gemütliche
fliegende besenkammer voller knöpfe und hebel, der navigator
in seiner gläsernen spitze – fast liegend .. mein gott
ich liebe noch immer diese alten, russischen, türkisfarbenen
cockpits, mein ganzes kinderzimmer war voller plakate
dieser alten, russischen, türkisfarbenen cockpits, aber mein sohn
mein leibhaftiger sohn, lässt sich nicht anstecken von mir.
ich versuche es immer wieder, aber er will weder pilot werden
noch kosmonaut, aber ich versuche es immer wieder
und ja, es stimmt: nur weil meine eigenen augen schon damals
zu schlecht waren und er bis jetzt adleraugen hat
muss er sich meinen vortrag über die schönheit des fliegens
immer wieder und wieder anhören, erbarmunglos oft.
ich bin anstrengend und albern, ich weiß, aber nichts
deutet darauf hin, dass ich ihn zu sehr belästige, zum glück:
er verdrückt sein tschechisches schnitzel in aller seelenruhe.
es war ein schöner tag. wir sind jetzt satt und schweigen.
der junge ist nicht nur mein sohn, er ist auch mein freund.
ich wünschte, es könnte immer so bleiben .. nur ohne befehle.

3

der kleine ist zuhause geblieben, im bau, bei der füchsin.
er hat keine roten haare bekommen, leider, aber er ist trotzdem
mein füchschen. ich dachte *rot* würde sich durchsetzen *immer*
aber so ist es nicht. er ist straßenköterblond geworden
wie ich. ich vermisse ihn, er ist so wach in letzter zeit
das kommt vom blick. und wie er spricht! am liebsten: *bitte käse!*
mit allem käse dieser welt will ich ihn dann beglücken
mit allem käse, auf den er's abgesehen hat mit seinen 16 zähnen.
aber wir müssen uns beide beherrschen. trotz dieser zähne.
1,066 zähne pro monat! wir waren tage- und nächtelang
in einem schraubstock voller zähne eingespannt, doch jetzt
jetzt sind wir stolz und geben immer an mit diesen 16 zähnen ..
und manchmal nachts hab ich dann auch an deine zähne
denken müssen, vater, die irgendwann so ganz verschwunden war'n
aus deinem mund, als ich noch klein war, in die schule kam
und welchen unsinn ich getrieben hab mit deinen prothesen
heiligtümern, so schwer an deinen kiefer anzupassen
nur im ausland, tschechoslowakei, vielleicht auch ungarn ..
kein zahnlabor, das dir in unsrer deutschen demokratischen
in deiner mundnot half .. und ich, ich straßenköterblondes aas
schnapp mir das wunderwerk, das sich an deinem gaumen
festsaugt, dich was essen lässt, was dir auch schmeckt
und steck es da- und dorthin, lass dich suchen, lach mich krumm
weil du so komisch sprichst und wie im entencomic aussiehst.
ich schäm mich heute noch, und du .. du hast mir immer
gleich verziehen, anstatt meinen arsch mit mustern
zu verzieren. du hättest es tun müssen, ich war ein stück dreck
das weißt du genau; aber wer weiß, was du dachtest
fleisch aus deinem fleisch .. dass du dich selber schlägst
wirre gedanken .. du hättest es tun müssen .. und nicht ich selbst.

4

dass dieses reden taugt, um tote männer zu beschallen
ist schwer zu glauben; aber wissen kann man es nicht. erst später
wenn man selber lauscht, mit einem ohr aus zwei atomen
die auf 'nem maulwurfsfingernagel hübsch spazieren gehn
kann man sich glücklich schätzen, dass es versucht wird
von da oben .. so sag ich mir und bin doch selber *thomas*
der seine finger in dein öhrchen stecken will da unten
vater, um an die wirre technik seines kopfs zu glauben
der auf ideen kommt, die es im straßenbild nicht gibt
nur noch im herzen. aber auch das ganz ungewiss, woher
die dinge kommen, die sich in meiner brust bewegen können
bewegen müssen wie torpedos: DER VATER TAUB
IM ERDLOCH EINGEBUDDELT IN ABTEILUNG II
das zählt dann alles nicht, bleibt dann wie kalte suppe stehn
wenn plötzlich heiße suppe kocht, im stirnlabor
und dort in blasen spricht: *sprich mit dem vater-ohr!*
mit diesem ewiglichen ohr, mit diesem unverwüstlichen gebilde
das in der erde wohnt, manchmal auch fliegt, wenn wind ist
oder regentropfen fallen auf wohlgeformte fingernägel
die von frau maulwurf stammen, die grade gut gelaunt
von ihrer maniküre kommt .. wenn so die blasen, die im kopf
jetzt köcheln, munter sprechen, dann fang auch ich an
sprech ihnen nach: vater unter der erde, oder über der erde
oder in meinem kopf, in meinen zellen, in meinem zellkern
vielleicht hörst du mich doch? .. es wird immer wunderlicher
hier oben oder hier unten, ich bin ein kind mit zwei kindern
geworden, gedichteschreiber, graue haare schon im nacken
80 kg auf den rippen. und du? was machen deine rippen? ..
ich weiß ja, du sagst nichts, 11 jahre schon friert dir dein arsch ab
jeden winter, denk ich immer, alberne friedhofsgedanken
aber man ist so vermenschlicht mit diesem körper
und stellt sich unaufhaltsam dinge vor, die gar nicht sind.
sobald die drähte ab sind, ist man schlau, unfassbar schlau

denk ich immer, und vergisst seinen mund. obwohl *schlau*
zu gewitzt klingt. du bist nicht gewitzt, du bist unfassbar klar
auf einen schlag, das ganze bücherwissen weg, die katze
die nur den eignen schwanz jagt, sich im kreise dreht:
auf einmal weg. und so ein mund ist dann regal, ganz leer
geräumt von worten. d'rum sprichst du auch niemals
durch diese friedhofsschicht, die auf deinen knochen liegt
oder durch luft, durch zellmembranen. – manchmal denk ich
so wie jetzt, dass du mich nicht mehr kennst, nicht die gedanken
die ich habe, weil sie so klein sind, festgefahren, eben menschlich.
und denke auch, dass du mein vater bleibst, in ewigkeit
auch wenn du unten liegst und dir der arsch abfriert
dass es dich trotzdem interessiert, wie alles weitergeht mit uns. –
dann fang ich an zu sprechen, so wie jetzt, damit du irgendwas
erfährst, dass sich dein herz, vielleicht ja immer noch
dein altes herz bewegt, in seinem versteck, und wieder schlägt
sodass ich's hör –

heute am grab habe ich das vaterunser
gesprochen und durcheinandergebracht
diese großartigen zeilen verdreht.
nie wieder soll mir das passieren
nie wieder! bitte nimm mir mein kleines
versprechen ab und raschel im kopf
im gras .. es war dieser gedanke
dieser mich immer an deinem grab
anspringende gedanke
der dazwischenkam, zwischen die zeilen
und mich verdrehte
an einer einzigen stelle
aber jede stelle ist wichtig
jede stelle hört zu!
der gedanke an meine hände
wie bagger oder bohrspindeln
nach dir greifend, bis zur schulter im dreck ..
etwas, das mich berührte
oder festhielt: eine wurzel
oder schlinge, oder ein eisernes bett
mit schmierigen pfosten, gelb
wie der ginster hinter deinem stein
oder rot wie das blut in meinen sehenden
vor allem nicht-sehenden augen.

caput IIIIIII

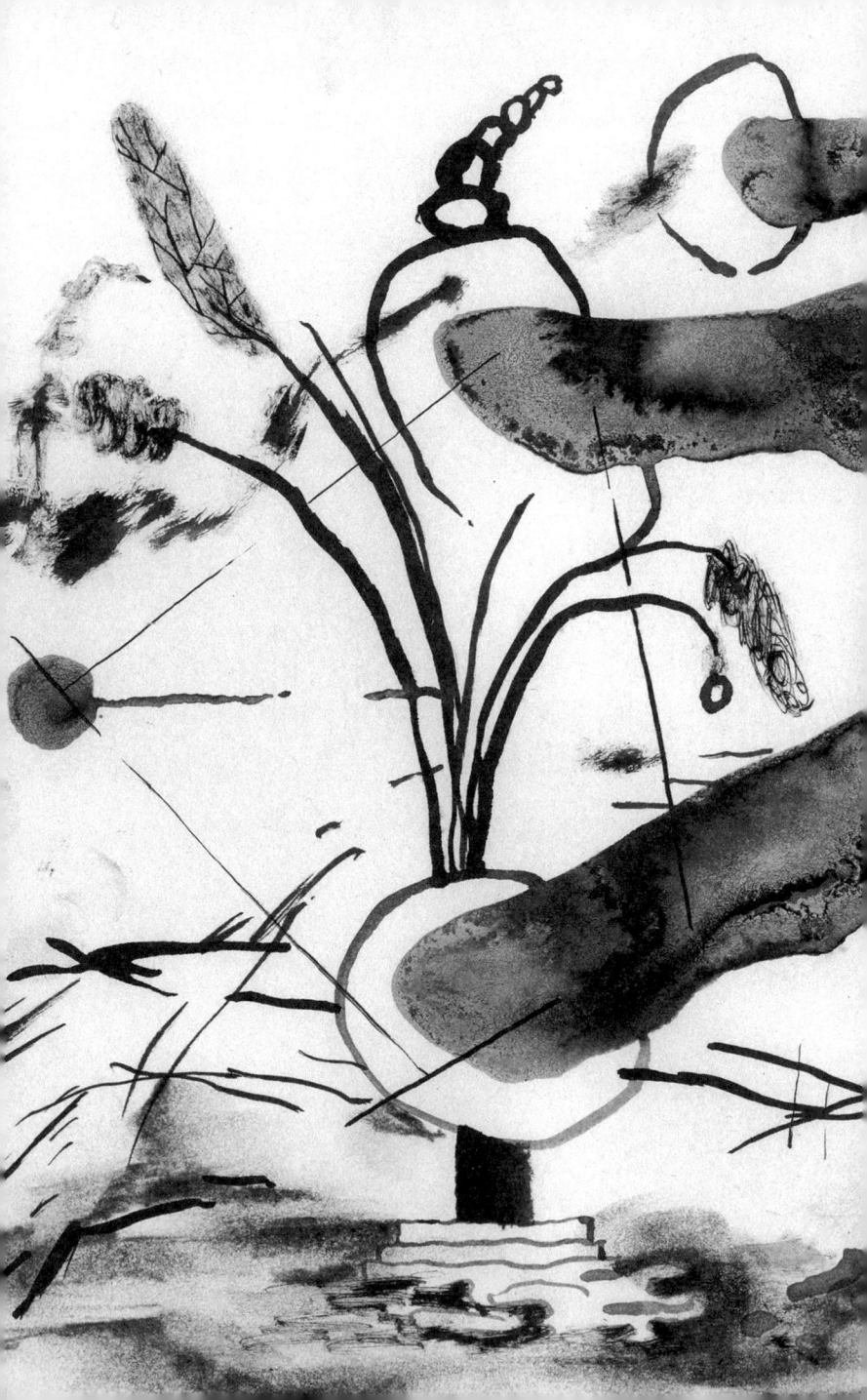

1

„Es gibt kein besseres Sinnbild für die Wolken denn Gedanken und kein bess'res für Gedanken denn Wolken – Wolken sind ja Hirngespinste und Gedanken, was sind sie anderes? Sieh, darum wird man alles andern müde, doch der Wolken nicht." SÖREN KIERKEGAARD

wolken greifen ein in dein leben, schwebend
zwischen dir und der sonne, die du spürst
oder nicht spürst auf deiner haut, ganz so
wie es wolken gefällt: schwebende wächter
auch über dich. du bist ein winziges tier
ohne eigenes licht. du wirst von außen erhellt
und verdunkelt, wenn sich wolken verschieben
du wirst von außen nach innen belebt
wenn sich wolken verlieren, am himmel
verschwinden. ihre macht ist flüchtig und ewig
zugleich: wie kleine hunde und riesen.

2

als ich das erste mal über euch war
noch ein kind, aus einem *interflug*-fensterchen
blickend, war ich mir sicher
auf euch leben zu wollen – mit euch.
auch wenn es kein essen gäbe
bei euch, wie in einem wald,
war ich beruhigt: eure schönheit
würde mich niemals hungrig ins bett
schicken, und auch mein fuß
machte sich keinerlei sorgen und träumte
von spaziergängen in rauschendem weiß.
wer sagt, dass ihr nicht voller gebilde
seid, voller unsichtbarer spaziergänger
und olympischer moleküle *alles andern müde
doch der wolken nicht.*

3

schwebende meere aus farblosen punkten
erst sichtbar durch streunendes, streuendes licht
gekleidet wie nonnen am morgen und cowboys
am abend, ewige diebe .. immer auf der flucht
heb alle kirchen der welt in die luft
vor eine wolke mit schmalen, durchscheinenden
hüften und sieh: staub, der verziert ist
auf einer leinwand, die leuchtet
in einem verdunkelten schiff.
kein liebesfilm, der dir entgegentritt
kein tun als ob –

4

ein weißes einzelnes, sich drehendes
gebilde, in blauer einsamkeit
zerfasernd .. doch unaufhaltsam heiter
wie es scheint, verschwindend ..
ein triebwerk jetzt: ein strich
der sich nicht hält, ein falscher strich
der sich alleine löscht ..
dann frisch geboren aus nichts
und hingetupft: ein neues.
.. noch unentschieden
ob sich die herde sammelt oder ob
ein unsichtbarer wolf die zicklein
einzeln frisst .. ja doch
sie sammeln sich und wachsen
über sich hinaus, zusammen
und ziehen weiter, sehr gemächlich
und verschwinden .. für einen moment
ein leerer himmel .. dann ein neues

5

gedanken und wolken wie zwillinge:
hirngespinste mit ein und derselben mutter
aus wasserdampf und einem elektrischen vater.
aber sag: was machen deine gespinste?
schweben sie auf uns zu oder schweben sie
von uns weg? regnest du auf uns herab
oder spendest du schatten mit deinen gespinsten?
wie dicht sind deine gespinste? versuche nützlich zu sein ..
gedanken und wolken: beide umkreisen
die erde, ohne sie je zu verlassen. oder doch?
verlassen unsere gedanken die erde wie wolken
von sonne verschluckt? niemand weiß
wohin wolken verschwinden, und alle gedanken.
die zwillinge schweigen .. keiner verrät
das geheimnis des andern.

1

noch besser als in seen zu schwimmen: deine möse.
dort anzukommen mit heißer stirn und langzuwischen
mund und wangen, wo alle wasservögel zwitschern ..
du schmeckst so gut, dass meine hände an deinem arsch
jetzt zittern; denke *wie lindenlaub an viel zu dünnen ästen* ..
wenn ich dir sanft die augen lecke, will mein schwanz
dich niederstechen .. was seltsam ist: will ich dich doch
in sänften tragen .. dich immer niederstechen
und verschlingen .. dich doch in sänften tragen
niederschlingen .. dich doch in sänften tragen ..

2

jede nacht schließe ich die skinnerbox auf
im fadenscheinigen nachthemd, für dich.
tritt ein! hier ist das bett, und hier das buch
die kleine lampe. die welt versinkt
lass uns gerettet sein: zusammengerollt
ist platz genug. im nachttierhaus
steigt jetzt die falsche sonne auf
und alle fenneks stehen still im traum
im wüsten traum ..
können nicht gerettet sein.

3

mors certa hora incerta wenn unsre köpfe beieinanderliegen
ist uns kein tod gewiss und keine stunde .. ungewiss.
ins magische quadrat gesetzt, können wir am abgrund stehn
doch finden uns, beschützt, auf einer festung ein
die nur ein regenbogen ist .. wo jedes wort gelingt
und jeder fuß durchbricht. –
was niemand ganz aussinnt, dass diese hellen tage
einmal verschwunden sind, in luft und meer versenkt
wenn wir in starre liegen, ungeküsst. – vielleicht ein hund
ein dürres tier, zusammengerollt, das uns noch einmal
träumend grüßt –

caput Ⅷ Ⅲ

1

nur einmal konnte ich dich erkennen
in einem wald, auf ein stück waldboden starrend
ohne ein krümelchen kraft in den beinen
hockte ich da, im mai, bis zu den ohren
mit angst abgefüllt .. eine feier
im veterinärmedizinischen institut
eine geplatzte aorta, faustgroß
überdehnt, in höhe der nierenabgänge
in die bauchdecke pulsierend
seit jahren: als wäre mein vater
in seinem eigenen bauch ertrunken.
als er noch einmal zu sich kam
wurde er unruhig, erst als er merkte
es reicht nicht allmählich ruhiger ..

ich hockte im wald
ohne ein krümelchen kraft
in den beinen, niedergedrückt
wie von stämmen. –
nur eine ameisenstraße
war noch in betrieb.
aber kein einziger blick dieser
kräftigen, völlig angstfreien
tiere für mich. aber du
du schautest mich an
von irgendwoher
von allen seiten zugleich:
durch erde hindurch
durch bäume und luft.
ich wurde ruhig .. so ruhig
wie eine winzige kugel
unter der last eines stammes. –
nichts brach zusammen.

ich war bestandteil
eines stabilen systems ..
ich würde niemals zusammenbrechen
niemals herausfallen können
aus diesem system ..
das ende meiner existenz
nur eine notwendige
von zeit zu zeit erforderliche
verbeugung
vor der erde
im mikroskopischen bereich ..
das ritual einer liebeserklärung
  seit anbeginn.

2

ein überwältigender gottesbeweis, ein jeden menschen
zum glauben zwingendes wunder, löschte jede freiheit
augenblicklich aus und zwänge alle menschen
gewaltsam auf die knie. *als ob die gottheit das uns höchste*
– das aus-sich-selber-sein der freiheit – schaffen wollte,
aber, um es möglich zu machen, sich selbst
verbergen musste. „selig sind, die nicht sehen
und doch glauben", die wieder kinder sind, die ohne
zu zweifeln ihre kirschkerne ins himmelreich
schnipsen. aber was wird aus uns, herr, wir sind *thomas*
immer noch *thomas,* über 2000 jahre zu spät
um unsere finger in deine wunden zu legen.
ich möchte so gern auf die knie gezwungen werden
von einem zwingenden wunder! – alle freiheit
nimm zurück, herr, dieses geschenk war die hölle.
erwecke die toten vor unseren augen
vermisch uns mit hunden
halt uns am boden –

3

morbus **meulengracht**
ein wort wie beulenpest oder ranzige
butter. butter, die sich seit 2000 jahren
herumtreibt. muss mir das trinken
und rauchen abgwöhnen, wenn ich nicht gelb
werden will (haut und augen)
und unfassbar müde im judaskostüm.
aber was spricht dagegen, außer diesem kostüm?
was spricht dagegen, gelb zu sein
tag und nacht, und unfassbar müde
wie 2000 jahre alte, sich herumtreibende
sich aber nicht nur herumtreibende
auch ganz stillstehende
angstlose butter?

4

mann im spiegel: glaubst du daran, an ein moralisches gesetz
in dir, das in dir wirkt, wirken muss? und glaubst du daran
dass wir das gute und wahre erkennen, obwohl wir die frauen
und kinder unserer feinde verbrennen? jetzt sprich!
    ja, ich glaube daran ..
jetzt denke unaufhörlich daran: gäbe es nicht die unsterblichkeit
deiner seele, und gäbe es nicht gott, der deine seele belohnt
für alles, was du erleiden wirst im namen dieses gesetzes in dir
das du befolgst (nicht immer befolgst, aber einige male
befolgen wirst; denn wer hätte schon die kraft für ein immer-
während befolgen dieses gesetzes) so wäre dieses gesetz
die schrecklichste unvernunft dieses universums.
aber wisse, dieses universum ist reine vernunft! erschreckend
reinste vernunft! woher ich das weiß, mann im spiegel?
ich weiß es nur, weil *du* es glaubst. weil es das einzige ist
was du wirklich noch glaubst. und sieh: als dein spiegel
frage ich mich, ununterbrochen, solange unsere augen
hilflos ineinanderstecken, wann sprechen unsere münder
es endlich für uns aus: *dieses gesetz ist vernünftig,
ich glaube an gott und die unsterblichkeit unserer seelen?*

5

vielleicht suche ich dich noch immer zu wenig
oder meine angst, dich nicht zu finden
schwächt meine suche nach dir, oder verdirbt sie ganz;
auch das ist möglich. aber dich zu suchen
ohne jeden anflug von angst, so wie kinder zu ostern
die verzuckerten nester im auferstandenen gras
wie soll das gehen? – menschen mit wenig phantasie
haben weniger angst, sagt man, sind stabiler.
also ist schon das kind in den brunnen gefallen
mit all seiner phantastischen, unnützen angst
hockt dort unten und grübelt? – ja
hockt dort unten und grübelt. im bauch aufgehängt
eine winzige glocke, die mitwächst und schwingt;
mal lauter mal leiser läutend, aber immer schwingend
und läutend: das glockentier, das gierige haustier
die angst! – so viele stunden im zitternden kopf
anstatt oben zu suchen, wo licht ist
und jede verwandlung gelingt! aber sich:
wir suchen dich trotzdem, immer im brunnen
von ganzem herzen im brunnen.

6

vater im luftraum, nimm uns die angst
vor jeder verwandlung, öffne den schaltkreis
in unserm gehirn, der dich sieht
noch während wir atmen
noch während wir klagen
erscheine uns lächelnd und klar.
unsre gefährten: mütter und väter
brüder und schwestern und hunde
jetzt liegen sie da, erstarrt
und erwachen nie wieder.
wir kannten sie nur in bewegung
und sprechend. jetzt liegen sie da
wie die steine. **vater im luftraum**
lass uns die steine sprechen hören
in unsrer größten not, nimm uns die angst
vor jedem verlust, zeig uns das leben
hinter der stille –

caput Ⅷ Ⅷ

d d d - d tan

1

die erde betrachten: durch gläser
geschliffen auf fernen planeten
verlorengegangen beim überflug
eines riesigen transporters, unbemerkt
von allen irdischen geräten .. eine luke vielleicht
oder eine flügeltür, die offen stand ..
ein beispielloser fall von schlamperei
oder ein akt von höchstem ungehorsam
innerhalb der besatzung: der wunsch
einer kontaktaufnahme mit primitivsten
kulturen – das größte zu ahndende verbrechen
auf fernen planeten. geschliffene gläser
einzig zur analyse des ewigen traums
gedacht, so leicht wie staub, oder wie flöhe
die unbemerkt am auge trinken, einzig bemerkbar
von menschen nur als veränderte optik
ein verändertes herz, ein staunendes
ein anschwellendes staunen im auge
sich ausbreitend in konzentrischen kreisen
das dickicht der iris, das nachgibt, bricht
als wäre ein tümpel voller immergleicher
realistischer blicke von einem winzigen
unsichtbaren stein aufgescheucht worden
zu einer wasserfront absurdester tropfen.

2

der unterschied zwischen einem stein
und einem hund
scheint für menschen gewaltig zu sein.
bewegung und wachstum
fortpflanzung und entwicklung
stoffwechsel und reizbarkeit
die merkmale alles lebendigen. die ehernen sechs.
in allen schulen dieser welt
werden sie gelehrt. sie vollständig
zu nennen, und zu begründen
warum eine kerzenflamme nicht lebt
obwohl sie im wind flackert
wird immer belohnt.
10-jährige hören auf mit steinen zu reden
mit ihren puppen, stofftieren und stöcken.
ihre gehirne verändern sich, unmerklich
von komplexeren, verzweigten galaxien
zu einfachen datenautobahnen
die nur noch im kreis fahren.
äußerlich wachsen unsere schädel
einschließlich ihrer zerfurchten füllung
aber es sind nur die raststätten, die wachsen
nicht die straßen. nur die raststätten
wachsen zu immer größeren löchern
heran, um in sich tausendschaften
zu versammeln. alle raststätten aller gehirne
sind restlos überfüllt. in jedem
quadratmillimeter lungern reisende
millionen ausgewachsene
müde gestalten
kinderzimmerträumende krüppel.

3

jeder zellkern: ein aktenschrank
ein universales amtsgebäude, ohne beamte.
keine akte, die es nicht gibt, im kern.
nichts ging verloren seit anbeginn: jeder kuss
der jemals geküsst worden ist, jedes lächeln
das jemals gelächelt wurde, jede demütigung
jedes erdbeben, jede diktatur, jeder krieg
jedes liebe und tröstende wort ist vollständig archiviert
und kopiert, auf milliarden schränke verteilt –
als gäb es schon immer IKEA und staatssicherheit.
doch was fang ich an mit all diesen akten
in mir? – nichts kann ich lesen, nur fühlen
im trüben: ein abbild von fischen, 10.000 meter tief
unter mir schwimmend, noch schimmernd
durch zellwände hindurch, organe und haut ..
unmerklich deutlich: wackelnde schränke
zitternder staub
auf einem stoß von verwandlungspapieren ..

4

mit welcher selbstverständlichkeit beginnen wir tage
und lassen sie enden, mit welcher unbarmherzigkeit
nur einen staubwurf entfernt von einem sturz
der nie wieder anhält. – was ich sage, ist nichts
was sich anfassen lässt, aber dich anfassen kann ..
gestern nacht haben menschen, millionen menschen
sich voneinander weggedreht, mit klirrendem schweigen
nur um recht zu behalten, noch bis in die träume
hinein, obwohl alle träume sich unnachgiebig
verschieben zu schründen, wenn liebe abgezogen wird
aus elektrischen gefäßen. ein planet voller unfälle
bis in die träume hinein, voller täuschungen
versäumnise. denn sieh: deine haut ist eine tüte
voller saft, die über ein feld gezogen wird
voller messerspitzen. oder glaubst du noch immer
wir sehen uns immer? glaubst du noch immer
wir erwachen wie immer?

5

wellen blicken sich an, schaumkämme
weiße, aufspritzende augäpfel
blicken sich an wie voneinander getrennte
gebilde. unter sich meer
kilometertief, das sie trägt
seine winzigen kinder aus geronnenem
geist, glitzernder schlacke.
spukhafte fernwirkung
all deine geliebten toten sprechen mit dir
über phantastische leitungen
ein meer von leitungen
in einem leeren raum, oder eine einzige
leitung in einem nicht vorhandenen
meer. *kannst du mich hören?*
entwerte nicht deine träume
deine sprechenden toten in deinen träumen
merke dir jedes einzelne, brüchige
leuchtende
nicht vorhandene wort!

6

seltsame, wunderschöne, verkorkste spezies
die einzige gewissheit deines lebens
ist dein tod. in jedem frisch geernteten kopf
formieren sich alle freuden und qualen
immer wieder von neuem. deine zellen wollen es so
deine algorithmen. jemand mutet dir mehr zu
als allen anderen tieren. überall suchst du trost
und versteckst deine kleinen, für dich selbst
erfundenen ewigkeiten im gras: ein osterhase
dem man das fell abzieht, immer wieder.
die hälfte des lebens: verbracht mit kampf
gegen die zeit und ihr allmächtiges vergessen.
mit welcher kraft hast du gewütet! der *tod*
in deinem kopf, oder die erfindung des wortes
tod in deinem kopf, hat dich schöner gemacht
und hässlich zugleich. du bist hässlicher geworden
als alle anderen tiere. in jedem frisch geernteten
kopf steckt ein mörder; ein verschachtelter mörder
der seine eigene ermordung nur mordend erträgt.
das gegenteil einer liebesmaschine.

7

schon lange nicht gelacht
mich schief, kaputt und krumm
gelacht, mich gekringelt, gekugelt
so lange nicht gewiehert ..
ein stummes pferd, fast immer müd
mit zitternden augen im saftigen gras.
manchmal spring ich herum
wie früher, wenn ich mir sage:
nun spring schon herum, wie früher!
aber jeder befehl lähmt mir
im handumdrehen meine hufe
und ich reiß mir den bauch auf
am zaun, oder an einem maulwurfshügel.
es heißt, die sonne kann jeden befreien
sie dringt tiefer ein
in erde und menschen
als jeder gedanke.
und wirklich: dieser gedanke
ist mir so wertvoll, dass ich ihn verstecke
hinter einer geschlossenen gardine
hinter meiner mähne aus stroh
wo ich ihn aufhebe
wie einen letzten versuch
an den ich noch immer nicht glaube.

8

die angst vor dem tod vergessen, als ob man seine brille
vergisst, im zug, vertieft in ein unüberschaubar zärtliches
namenloses gesicht .. nur reflexionen dieses gesichts
an der scheibe, genau gegenüber, auf der anderen seite
des ganges, für stunden, unzählige stunden
zwischen zwei städten, die keine bedeutung mehr haben
umgeben von dingen, die keine bedeutung mehr haben
aber immer noch muskeln und knochen bewegen können
als wären es hunde .. aber dieses hündische aufstehen
und aussteigen, weg von diesem unüberschaubar
zärtlichen, namenlosen gesicht, geschieht ohne jeden
gedanken an eine brille, unter einer zeitung liegend
in einem zug, ohne jeden gedanken, nicht mehr sehen
zu können ohne diese brille, ohne einen einzigen
gedanken an diese unüberschaubare, scheinbar
unüberwindbare angst, nie wieder sehen zu können
ohne diese augen, die ohne brille nie deutlicher sahen
als jetzt, wo du aussteigst und dich verbeugst
vor der luft, und nie wieder vergisst.

9

und wer, **wer findet mich**
einmal? und bin ich überhaupt
zu finden unter all dem schutt
von jahrmillionen ohne mensch?
und wer, wer findet mich und sagt:
dies war ein mensch, dort, diese art
von schlüsselbeinen ist beweis genug ..
und gibt es hände noch, die
ohne hand zu sein berühren können
am meeresgrund? ich hab geträumt:
ein scheues, lichtdurchflutetes
gewebe, das mich hält, nur mit gedanken
in der schwebe, mich näher bringt
vor ein gesicht, das keine augen hat
doch alle augen kennt
und alle träume trinkt.

10

alle gegenstände dieser welt werden verschwinden.
alle kunstwerke dieser welt werden verschwinden.
jedes buch, jedes bild, jeder ton dieser welt
wird verschwinden. alle menschen –
nur abdrücke bleiben:
versspuren, tonspuren, farbspuren
im molekularen schnee eines gütigen androiden.
kein einziger abdruck führt zu erinnerungen
aber jeder abdruck verfolgt sein ziel.
jede spur führt zu einem spielenden kind
um es zu trösten, während es aufhört zu atmen –

caput XXXI

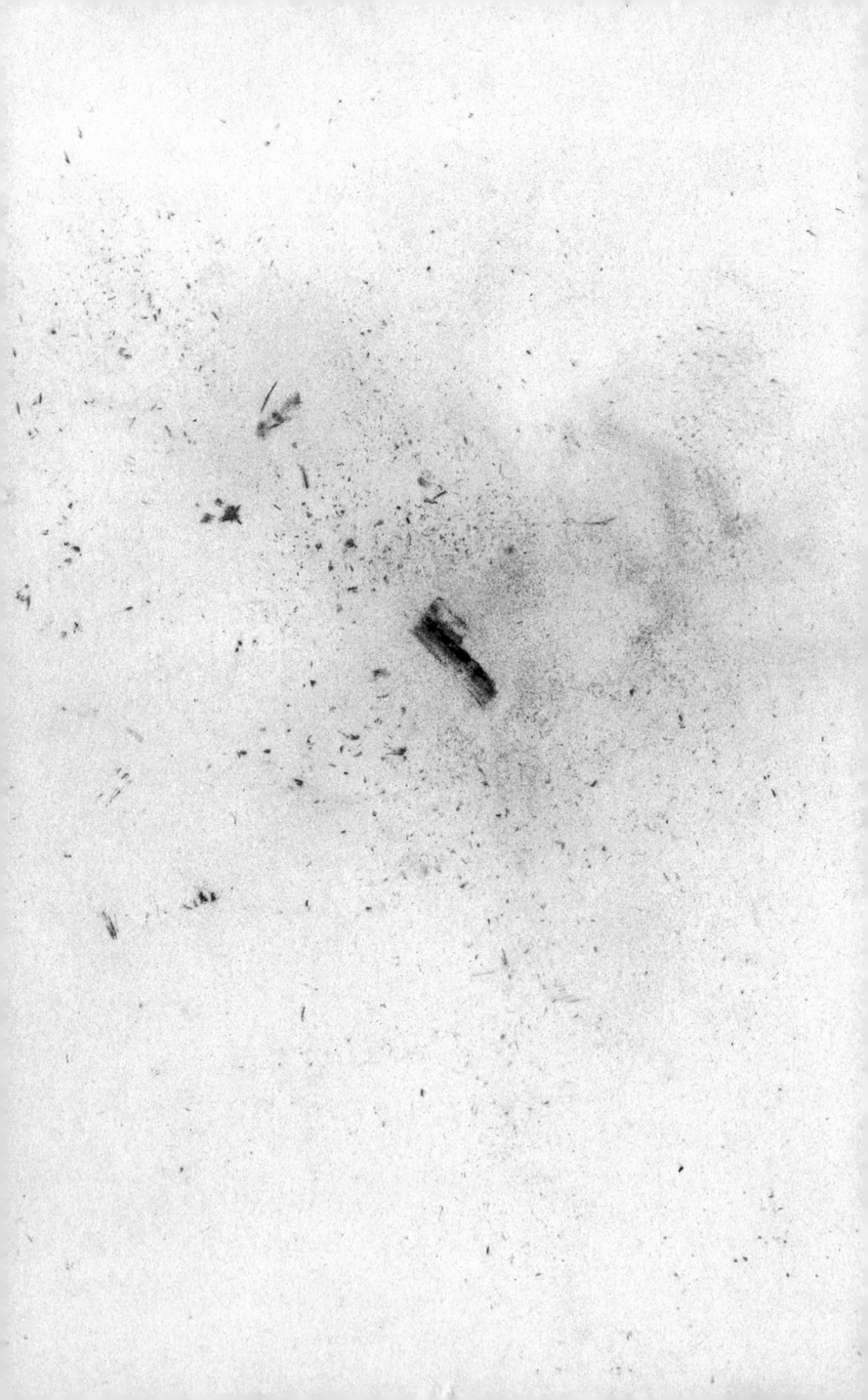

1

sogar mitten im flieder
unter blühenden bäumen
verschwinden menschen, mitten im mai.

als ob man einem ausgehungerten auge
eine tellerartige falle hinstellt
voller blühendem brot.

man blickt gierig umher
isst gierig wie nach jedem winter
sein duftendes, vogelzwitscherndes brot

das auf einmal nicht schmeckt.
auch das licht hat sich verändert.
es läuft aus. aus den lidern heraus.

zuerst der gedanke an einen schnupfen
dann an eine sonnenfinsternis
bis sich alles neu eingestellt hat.

2

immer wenn ich über den friedhof
ziehe, zu deinem todestag
leuchten die büsche wie sterne.

meine kleine bemannte raumstation
rast umher, mitten im mai
umgeben von schwebenden steinen.

im frühling zu sterben:
die schwierigste aufgabe der welt
denkt mein kleinblütiger kopf.

immer warte ich auf ein wort
aus dem mund eines heiligen tiers
eines eichhörnchens namens maria.

aber nur mein mund summt
sein hysterisches liedchen
in einem dunklen, helllichten wald.

3

vielleicht stirbt es sich leichter
mitten im flieder, unter blühenden bäumen
im mai?

vielleicht ein *trojaner*
ein auftrumpfender gedanke
der mein gehirn überredet, schwachsinnig zu sein.

was jetzt? schweigen im walde.
kein einziger anderer gedanke
hält fürsprache für ihn.

und dennoch händigen wir
diesem pferd, diesem hauch
eines gedankens

unseren generalschlüssel aus! –
eine blühende holzkammer
die langsam gestalt annimmt und fliegt.

1

keine einzige pflanze können wir bauen
kein einziges blatt, kein einziges tier
können wir bauen

nicht eine einzige zelle.
smartphones können wir bauen
satelliten und automobile

tote maschinen, ohne die leiseste spur
von spontanität – immer angewiesen
auf unsre lebendigen hände.

nichts überraschendes können wir bauen
alles lebendige finden wir vor
nicht ein einziges leben

bauen wir selbst.

2

die blüte, die fällt
nachdem sie geblüht hat
mit anderen blüten

an ein und demselben baum
der immer noch blüht
und immer blühen wird

hörst du sie klagen? – nein.
alles ist still unterm baum
weiß schimmernd, befriedet.

aber deine augen, ich weiß
sehen jede blüte als baum
der für immer verschwindet.

3

jede einzelne zeile spricht
ins ungewisse hinein
oder stürzt

vielleicht geradewegs
ins zentrum
einer mathematischen formel.

davor ein kindlicher riese
mit dyskalkulie
der unbändig schwitzt

ohne uns je zu erblicken.
aber indem er uns löst
uns erlöst.

1

wir werden auferstehen
ohne bewusstsein
auferstanden zu sein.

wir werden aufblühen
ohne zu spüren
dass wir blühen.

wir werden auf sein
ohne zu fühlen
ohne jedwedes gefühl.

2

der tod ist eine tulpenmagnolie
in die du hineinklettern musst
zur blüte.

sobald du den fuß hineingesetzt hast
bezahlst du mit schweigen
deine unbändige freude.

über deine geschlossenen augen
beugen sich deine menschen
mit verzerrten gesichtern.

3

auch jesus klettert im baum
wenn du an jesus denkst
im selben moment.

wenn du an deinen vater denkst
sitzt dein vater im baum
im selben moment.

im selben moment
wo der baum mit dir spricht
vergisst sich dein denken von selbst.

anmerkungen
& inhalt

seite 5

CARL GUSTAV CARUS (*1789 in Leipzig, †1869 in Dresden) war ein deutscher Arzt, Maler und Naturphilosoph.

HANS-PETER DÜRR (Quantenphysiker, ehemaliger Leiter des Max Planck-Instituts für Physik in München): Am Anfang war der Quantengeist, P.M. Magazin, Holger Fuß, Mai 2007.

seite 7

Herr! Gib uns blöde Augen / für Dinge, die nichts taugen, / und Augen voller Klarheit / in alle deine Wahrheit.
(NIKOLAUS LUDWIG GRAF VON ZINZENDORF oder SÖREN KIERKEGAARD)

seite 15

sie feiern die auferstehung des herrn, denn sie sind selber ..
(JOHANN WOLFGANG VON GOETHE: Faust I, Osterspaziergang)

seite 27

für MICHAEL

seite 41

inspiriert von *True Detective* (Staffel 1, 2014), eine US-amerikanische Krimiserie des Senders HBO, geschrieben von NIC PIZZOLATTO.

seite 113

inspiriert von *Melencolia I* (ALBRECHT DÜRER)

seite 119

als ob die gottheit das uns höchste – das aus-sich-selber-sein der freiheit – schaffen wollte, aber, um es möglich zu machen, sich selbst verbergen musste.
(KARL JASPERS)

selig sind, die nicht sehen und doch glauben.
(Johannesevangelium 20, 29)

Spukhafte Fernwirkung nannte ALBERT EINSTEIN den Effekt, bei dem zwei Lichtteilchen quantenmechanisch so miteinander verschränkt sind, dass eine Veränderung des Zustandes des einen Teilchens augenblicklich auch eine Veränderung des Zustandes des anderen Teilchens bewirkt, ganz gleich wie weit beide voneinander entfernt sind. Als spukhaft bezeichnen Physiker diese Wirkung bis heute, da noch immer unklar ist, auf welche Weise die Information über die Veränderung des Zustandes von dem einen zu dem anderen Teilchen gelangt.

caput I
von flughäfen und geisterbahnen

caput II
gespräch mit einem toten freund

caput III
true detective

caput IIII
olsztyn-allenstein-express

caput V
liebeserklärung

kleiner klappaltar für einen kopf

caput VI

exerzitien

caput XII

gespräch mit einem toten freund nach einem jahr

gespräch mit dem vater

heute am grab

caput XIII

wolken

kleiner klappaltar für eine liebe

caput XIIII

umkreisungen

caput ⅩⅩ
menschen

caput ⅩⅪ
verschwinden

demut

auferstehung

ich danke

NINE (für alles)
JO FRANK (fürs Lektorat)
DOMINIK ZILLER (für die Gestaltung)
CHRISTOPH VIEWEG (für die Illustrationen)
und nicht zuletzt meinem Hund (für das kleine, in der luft hängende ...)

Die Entstehung dieses Werkes wurde durch ein Stipendium
der Kulturstiftung des Freistaates Sachsen unterstützt.